劳动任务指导手册

机械工业出版社

劳动任务指导手册使用说明

为全面贯彻落实《中共中央　国务院关于全面加强新时代大中小学劳动教育的意见》和教育部印发的《大中小学劳动教育指导纲要（试行）》，系统加强中职学校劳动教育，全面提高中职学生劳动素养，编写了《劳动任务指导手册》。劳动任务紧紧围绕《劳动教育指导手册》中每课时的学习目标和重点内容，逐一设计了以日常生活劳动、生产劳动、服务性劳动为主的多种形式的劳动任务，便于学生在日常学习中开展劳动实践，掌握劳动技能。学生根据劳动任务描述、要求，完成并体验劳动，学会劳动技巧，记录自己的劳动过程和劳动成果，并填写劳动任务单，进行劳动体悟与反思，总结劳动经验，进行自我评价。教师根据学生的知识掌握和劳动练习，对学生进行评分，并给出鉴定结果。

作为《劳动教育指导手册》配套的实践指导手册，《劳动任务指导手册》突出以实践为导向，涵盖家庭生活劳动、手工艺品制作、志愿服务、技能竞赛等典型劳动活动，注重学生对劳动任务的实践体验和评价反思，强化学生在真实的劳动场景中培育劳动精神、劳模精神和工匠精神。劳动任务单的填写指南如下。

劳动任务单			
任务名称	植物栽培	学生姓名	
劳动时间		劳动地点	
劳动成果展示			
（图文混合展示，劳动图片打印后粘贴此处）			

学生填写姓名、劳动时间、地点

学生通过拍照、文字记录劳动过程

劳动体悟与反思
劳动体悟：______
劳动经验：______
自我评价：______

学生总结劳动经验，进行自我评价

知识掌握清单			
评价要点： 1. 了解植物栽培的历史。 2. 了解不同植物的名称、形态和栽培方式。			
评价			
不合格	合格	良	优

教师根据学生知识掌握情况评分

练习和观察清单			
评价要点： 1. 掌握成功栽培一株植物的技术方法。 2. 能简要记录所栽培植物的过程状态。			
评价			
不合格	合格	良	优

教师根据学生劳动情况评分

鉴定结果	合格 □	不合格 □
给学生的反馈： 如果不合格，需要重新鉴定的说明： 鉴定教师签字：　　日期：		

教师根据学生劳动情况进行鉴定

目 录

第一课　劳动创造历史

劳动任务

植物栽培

植物栽培是人类最早掌握的劳动技术，野生植物经过人工培育后为人类所用，使人类的生活有了从饥寒到温饱再到丰富的飞跃。经过世代的努力，植物栽培几乎包括所有的作物，其中：粮食作物，如水稻、小麦、玉米、高粱等为人类提供食粮和某些副食品，以维持生命的需要；纤维作物，如棉花、大麻等主要用于纺织，是主要的衣、被原料；油料作物，如花生、油菜、芝麻等有大量的蛋白质和其他营养物质，用来提取油脂供食用；蔬果作物，如白菜、萝卜、甘蓝苹果、草莓等为人类提供人体所必需的维生素、无机盐和膳食纤维；还有观赏作物，各种花草树木既美化环境、调节气候，又具有一定的药用价值。

试一试：

1. 查找关于植物栽培的历史以及植物栽培的方式，并分组汇报展示。
2. 尝试用花盆和铲子等工具，栽培一株植物。

劳动任务单			
任务名称	植物栽培	学生姓名	
劳动时间		劳动地点	
劳动成果展示			
（图文混合展示，劳动图片打印后粘贴此处）			

（续）

劳动体悟与反思			
劳动体悟： 劳动经验： 自我评价：			
知识掌握清单			
评价要点： 1. 了解植物栽培的历史。 2. 了解不同植物的名称、形态和栽培方式。			
评价			
不合格	合格	良	优
练习和观察清单			
评价要点： 1. 掌握成功栽培一株植物的技术方法。 2. 能简要记录所栽培植物的过程状态。			
评价			
不合格	合格	良	优
鉴定结果	**合格 □**		**不合格 □**
给学生的反馈： 如果不合格，需要重新鉴定的说明： 鉴定教师签字：　　　　日期：			

第二课 劳动创造人与人类社会

劳动任务

寻找最美劳动者

劳动创造美，寻找当代社会最美的劳动者。他们是抗疫一线舍生忘死的医务工作者；他们是奔波大街小巷的快递小哥；他们是坚守基层的社区工作者；他们是工厂车间的一线工人；他们是田间地头挥洒汗水的农民……他们用劳动铸就伟大。

找一找：

1. 用摄影方式寻找最美劳动者。
2. 分组汇报展示。用图片展示劳动者之美、劳动场景之美、劳动精神之美。

劳动任务单			
任务名称	寻找最美劳动者	学生姓名	
劳动时间		劳动地点	
劳动成果展示			
（图文混合展示，劳动图片打印后粘贴此处）			

（续）

<table>
<tr><th colspan="4">劳动体悟与反思</th></tr>
<tr><td colspan="4">劳动体悟：

劳动经验：

自我评价：</td></tr>
<tr><th colspan="4">知识掌握清单</th></tr>
<tr><td colspan="4">评价要点：
1. 认识劳动者之美、劳动场景之美、劳动精神之美。
2. 了解身边劳动者的光荣之处。</td></tr>
<tr><th colspan="4">评价</th></tr>
<tr><td>不合格</td><td>合格</td><td>良</td><td>优</td></tr>
<tr><td></td><td></td><td></td><td></td></tr>
<tr><th colspan="4">练习和观察清单</th></tr>
<tr><td colspan="4">评价要点：
1. 是否完成寻找最美劳动者的任务。
2. 能否有条理介绍作品内容，介绍作品体现的劳动之美。
3. 是否体现了劳动传承、团队合作。</td></tr>
<tr><th colspan="4">评价</th></tr>
<tr><td>不合格</td><td>合格</td><td>良</td><td>优</td></tr>
<tr><td></td><td></td><td></td><td></td></tr>
<tr><th>鉴定结果</th><th colspan="2">合格 □</th><th>不合格 □</th></tr>
<tr><td colspan="4">给学生的反馈：

如果不合格，需要重新鉴定的说明：

鉴定教师签字：　　　　日期：</td></tr>
</table>

第三课　实现体面劳动

劳动任务

做关于体面劳动的小调查

通过话题探讨，我们发现班级里每个同学对于体面劳动的看法都不尽相同。那么，在其他人眼中，体面劳动又是怎样的呢？为了在全社会范围内树立正确的劳动意识，顺应国家尊重劳动、尊重劳动者的倡议，我们又能做些什么呢？

试一试：

1. 做一份关于体面劳动的小问卷，设计 10～15 个题目分发给不同的人群。

2. 根据得到的数据进行分析，提出自己的想法和观点，并且对当前社会背景下促使人们改变意识，树立崇尚劳动、尊重劳动的社会风气提出自己的倡议。

劳动任务单			
任务名称	做关于体面劳动的小调查	学生姓名	
劳动时间		劳动地点	
劳动成果展示			
（图文混合展示，劳动图片打印后粘贴此处）			

（续）

劳动体悟与反思			
劳动体悟： 劳动经验： 自我评价：			
知识掌握清单			
评价要点： 1. 正确认识体面劳动的内涵。 2. 依据调查对象情况合理设计调研问卷。			
评价			
不合格	合格	良	优
练习和观察清单			
评价要点： 1. 能否合理利用问卷，得出调查数据。 2. 能否采用信息化手段分析数据，得出结论，提出相应倡议。			
评价			
不合格	合格	良	优
鉴定结果	**合格 □**		**不合格 □**
给学生的反馈： 如果不合格，需要重新鉴定的说明： 鉴定教师签字：　　　　日期：			

第四课　学会生活技能，奠定人生成长基础

劳动任务

为家人做一顿爱心满满的晚餐

我们在家每天享受着爸妈精心准备的饭菜，找个机会也让父母享受一下自己烹制的爱心晚餐吧！无论你家谁来做饭，做的饭菜是否香甜可口，这次都换你来做一顿爱心满满的晚餐。所谓爱心满满并不需要浪漫的摆设和心形的出现，只需要你用心准备烹饪即可。

首先，大家需要设计一张菜单，比如四菜一汤，主食米饭；或者打卤面配小菜等。其次，大家需要查阅或者问询每道菜和主食的具体做法，可以搜索参考网络视频教程。再次，到市场采购所需蔬菜、调料等物资，注意采购时挑选新鲜的食材和物美价廉的产品。然后，核心环节就是在厨房按照计划施展厨艺，注意统筹洗菜、切菜、烹制的时间安排。在烹饪过程中对于掌握不好的技巧，比如热油、颠勺、加调料等，可以请父母做示范和指导，从而学习劳动技能。最后，不要忘记跟家人分享这次家务劳动的心得，还要善始善终地在餐后收拾碗筷。相信通过这次劳动任务，你也一定会深刻地感受到父母日夜操劳的辛苦，感悟饭菜背后父母深藏的爱意。

试一试：

尝试为家人烹饪晚餐，请父母帮忙用照片或视频记录自己温馨、有趣的劳动过程，结束后写下劳动心得。

劳动任务单			
任务名称	为家人做一顿爱心满满的晚餐	学生姓名	
劳动时间		劳动地点	
劳动成果展示			
（图文混合展示，劳动图片打印后粘贴此处）			

（续）

劳动体悟与反思			
劳动体悟：______ ______ ______ 劳动经验：______ ______ ______ 自我评价：______ ______ ______			
知识掌握清单			
评价要点： 1. 基本掌握1~2个家常菜品的制作方法。 2. 合理设计晚餐烹饪的时间安排。			
评价			
不合格	合格	良	优
练习和观察清单			
评价要点： 1. 能否完成计划菜品的烹饪，必要时可寻求家人帮助。 2. 能否根据本次的烹饪经历，思考提高和改进的方法。			
评价			
不合格	合格	良	优
鉴定结果	**合格 □**		**不合格 □**
给学生的反馈： 如果不合格，需要重新鉴定的说明： 鉴定教师签字：　　　　日期：			

劳动任务

叠军被

中职学生大部分住校，很多学校采取的是军事化管理。同学们在学校里要想自律并给自己创造一个温馨整洁的住宿环境，首先要学会叠军被。在一压一叠的过程中，我们会变得更加严谨细心；在一边一角的整理中，我们会变得更加求真务实；在日复一日的坚持中，我们会养成严于律己的劳动习惯，为进一步提高自理能力打下良好基础。

试一试：

按照叠军被六步法坚持每天叠军被。

第一步：压。叠军被前首先要压，把被子压实才好叠被子。用手掌或者小臂反复来压被子，把被子压平，也可以使用马扎或者方凳来推，这是叠好军被的基础。压的时候一定要用力，有些人的被子总是叠不好，很大的原因是第一个步骤没有做好。

第二步：量。量不一定用尺子，用拇指和食指张开来量尺寸就行。把尺寸记住后，只要用手一量就行。时间长了，被子叠出型了，也就不用量尺寸了。

第三步：切。用手掌侧面切被子，把被子的印切出来。有些同学在这一环节做不好，比如用手指来捏，这样是叠不出形的。

第四步：塞。被子叠起来之后，要把被子塞实。就是把手指沿折痕往里伸，把被子往里塞，这样被子看得才有支撑感。许多人因为塞不实，被子刚叠好时还行，可是放一会儿就支撑不住了。

第五步：抠。就是用食指把被子的角抠出来。具体过程就是把食指塞进被子的角中，沿着角的方向向外把角抠出来。如果有银行卡等硬质卡片，也可以用卡片来代替手指抠出角，这样更美观。

第六步：修。修就是远离被子，进行整体的观察。把高的地方压下去，把低的地方拉上来，使被子更加美观。俗话说“三分叠七分修”，叠军被一定要仔细、有耐心。

劳动任务单			
任务名称	叠军被	学生姓名	
劳动时间		劳动地点	
劳动成果展示			
（图文混合展示，劳动图片打印后粘贴此处）			

（续）

劳动体悟与反思				
劳动体悟： 劳动经验： 自我评价：				
知识掌握清单				
评价要点： 1. 了解叠军被的标准和要求。 2. 掌握叠军被六步法的基本技巧。				
评价				
不合格	合格		良	优
练习和观察清单				
评价要点： 1. 能否按照标准和要求，叠出美观的军被。 2. 能否坚持叠军被，并用照片记录自己的进步和变化。				
评价				
不合格	合格		良	优
鉴定结果	合格 □		不合格 □	
给学生的反馈： 如果不合格，需要重新鉴定的说明： 鉴定教师签字：　　　　日期：				

劳动任务

一日生存体验

在老师的组织下以班为单位进行一日生存体验。早晨，由老师安排将同学们送至指定地点开始进行一日生存体验，同学们不能够携带任物品和钱财，不能够携带手机等通信设备，在社会上体验身无分文的生存之道。利用自己的所学技能和具备的才干从事短期工作以谋生。

试一试：

1. 在一日生存体验中克服胆怯的心理，积极向陌生人推荐自己并找到兼职工作（发传单、推销产品等）。

2. 在一日生存体验的劳动中，发掘自己擅长的职业和工作内容。

劳动任务单			
任务名称	一日生存体验	学生姓名	
劳动时间		劳动地点	
劳动成果展示			
（图文混合展示，劳动图片打印后粘贴此处）			

第一课
第二课
第三课
第四课
第五课
第六课
第七课
第八课
第九课
第十课
第十一课
第十二课
第十三课
第十四课
第十五课
第十六课
第十七课
第十八课

（续）

<table>
<tr><th colspan="4">劳动体悟与反思</th></tr>
<tr><td colspan="4">劳动体悟：

劳动经验：

自我评价：</td></tr>
<tr><th colspan="4">知识掌握清单</th></tr>
<tr><td colspan="4">评价要点：
1. 了解一日生存体验中可尝试的兼职工作。
2. 了解自己的特长和能力，并转换为工作内容。</td></tr>
<tr><td colspan="4">评价</td></tr>
<tr><td>不合格</td><td>合格</td><td>良</td><td>优</td></tr>
<tr><td></td><td></td><td></td><td></td></tr>
<tr><th colspan="4">练习和观察清单</th></tr>
<tr><td colspan="4">评价要点：
1. 能否克服胆怯心理，向他人推荐自己，获得工作机会。
2. 能否通过一日生存体验，获得所需的生存资料。</td></tr>
<tr><td colspan="4">评价</td></tr>
<tr><td>不合格</td><td>合格</td><td>良</td><td>优</td></tr>
<tr><td></td><td></td><td></td><td></td></tr>
<tr><th>鉴定结果</th><th colspan="2">合格 □</th><th>不合格 □</th></tr>
<tr><td colspan="4">给学生的反馈：

如果不合格，需要重新鉴定的说明：

鉴定教师签字：　　　　日期：</td></tr>
</table>

第五课 认识生产劳动，体悟劳动创造价值

劳动任务

体验无土栽培技术

无土栽培，是指以水、草炭或森林腐叶土、蛭石等介质作植株根系的基质固定植株，植物根系能直接接触营养液的栽培方法。无土栽培中营养液成分易于控制，且可随时调节。在光照、温度适宜而没有土壤的地方，如沙漠、海滩、荒岛，只要有一定量的淡水供应，便可进行。无土栽培根据栽培介质的不同分为水培、雾（气）培和基质栽培。水培是指植物根系直接与营养液接触，不用基质的栽培方法。最早的水培是将植物根系浸入营养液中生长，这种方式会出现缺氧现象，严重时造成根系死亡。现在常采用营养液膜法的水培方式，即很薄的营养液层不断循环流经作物根系，既保证不断供给作物水分和养分，又不断供给根系新鲜氧气。

试一试：

1. 搜集无土栽培果蔬的介绍和小视频，并分组讲解和展示给同学们，各小组选择的果蔬农作物最好有一定的区分。

2. 感受科学技术给农业劳动带来的便利和价值增值，自选一种小型果蔬，体验播种、施肥、观察、采摘等（有土或无土栽培均可）农业劳动技巧和创造农产品的乐趣。

劳动任务单			
任务名称	体验无土栽培技术	学生姓名	
劳动时间		劳动地点	
劳动成果展示			
（图文混合展示，劳动图片打印后粘贴此处）			

（续）

劳动体悟与反思			
劳动体悟： 劳动经验： 自我评价：			
知识掌握清单			
评价要点： 1. 了解适用于无土栽培的蔬果作物。 2. 掌握无土栽培的相关理论。			
评价			
不合格	合格	良	优
练习和观察清单			
评价要点： 1. 能否按正确方法和步骤进行无土栽培。 2. 能否为种植的果蔬提供适宜环境，精心培育。			
评价			
不合格	合格	良	优
鉴定结果	合格 □	不合格 □	
给学生的反馈： 如果不合格，需要重新鉴定的说明： 鉴定教师签字：　　　　日期：			

劳动任务

以竞赛的形式锤炼技能

全国职业技能大赛是全国规格最高、项目最多、规模最大、水平最高的技能比赛，在2020年的中华人民共和国第一届职业技能大赛上，2557名选手在86个比赛项目中切磋技艺、亮出绝技。技能大赛项目众多，从数控车、工业机械、飞机维修等先进制造业，到工业4.0、移动机器人、云计算、新能源汽车智能化技术等战略性新兴产业，还包括第三产业技术技能如美容、美发、烘焙、餐厅服务等现代服务业项目……大赛广泛覆盖国民经济行业大类，为各行各业的劳动者成才创造条件、提供平台。刀砌砖垒、一气呵成，200多块砖砌成的多孔拱桥与图纸难差分毫；手指翻飞、精雕细琢，魔法般变出的各色面包和糖艺造型；只用17个小时，近3米高水泥钢筋房拔地而起，精度达到毫米级……选手们大展身手，充分展现劳动之美、技能之光。

全班同学通过竞赛的方式进行一项技能比赛，并邀请专业老师对比赛结果做精细的点评。同学们比赛前要努力训练，力争展现最娴熟的技能和最精致的技巧。

劳动任务单			
任务名称	以竞赛的形式锤炼技能	学生姓名	
劳动时间		劳动地点	
劳动成果展示			
（图文混合展示，劳动图片打印后粘贴此处）			

（续）

<table>
<tr><th colspan="4">劳动体悟与反思</th></tr>
<tr><td colspan="4">劳动体悟：______
______
______

劳动经验：______
______
______

自我评价：______
______</td></tr>
<tr><th colspan="4">知识掌握清单</th></tr>
<tr><td colspan="4">评价要点：
1. 了解本次班级技能竞赛的项目和规则。
2. 了解本次班级技能竞赛所需的技巧和方法，勤加练习。</td></tr>
<tr><td colspan="4">评价</td></tr>
<tr><td>不合格</td><td>合格</td><td>良</td><td>优</td></tr>
<tr><td></td><td></td><td></td><td></td></tr>
<tr><th colspan="4">练习和观察清单</th></tr>
<tr><td colspan="4">评价要点：
1. 能否在竞赛前充分练习，与同学相互帮助。
2. 能否在竞赛中展示风采，提高专业技能。</td></tr>
<tr><td colspan="4">评价</td></tr>
<tr><td>不合格</td><td>合格</td><td>良</td><td>优</td></tr>
<tr><td></td><td></td><td></td><td></td></tr>
<tr><th>鉴定结果</th><th>合格 □</th><th colspan="2">不合格 □</th></tr>
<tr><td colspan="4">给学生的反馈：

如果不合格，需要重新鉴定的说明：

鉴定教师签字：　　　　　日期：</td></tr>
</table>

劳动任务

搬运工劳动体验

快递驿站是这些年兴起的一种社区服务模式，它是由一些电子商务网络平台牵头建立的面向社区或校园的第三方末端物流服务平台，为客户提供包裹暂存、代寄等服务。请你找一家离家或离学校较近的快递驿站，跟负责人商议进行8小时的服务劳动，将劳动体验中的真实感受记录下来，分享给同学们。

试一试：

在快递驿站的服务劳动中有哪些技巧？有哪些注意事项？你有没有想到可以在这份工作的劳动过程中通过什么方式为企业创造更多的价值？

劳动任务单			
任务名称	搬运工劳动体验	学生姓名	
劳动时间		劳动地点	
劳动成果展示			
（图文混合展示，劳动图片打印后粘贴此处）			

（续）

<table>
<tr><th colspan="4">劳动体悟与反思</th></tr>
<tr><td colspan="4">劳动体悟：

劳动经验：

自我评价：</td></tr>
<tr><th colspan="4">知识掌握清单</th></tr>
<tr><td colspan="4">评价要点：
1. 是否能够知晓服务劳动的内容和方式。
2. 是否掌握服务意识并有意识地培养服务意识。
3. 是否能知道服务劳动带来的经济效益。</td></tr>
<tr><td colspan="4">评价</td></tr>
<tr><td>不合格</td><td>合格</td><td>良</td><td>优</td></tr>
<tr><td></td><td></td><td></td><td></td></tr>
<tr><th colspan="4">练习和观察清单</th></tr>
<tr><td colspan="4">评价要点：
1. 能否坚持在快递驿站开展 8 小时的服务劳动。
2. 能否通过服务劳动认识到服务意识的重要性。
3. 能否在服务劳动中体现文化传承、创新精神和团队合作。</td></tr>
<tr><td colspan="4">评价</td></tr>
<tr><td>不合格</td><td>合格</td><td>良</td><td>优</td></tr>
<tr><td></td><td></td><td></td><td></td></tr>
<tr><th>鉴定结果</th><th colspan="2">合格 □</th><th>不合格 □</th></tr>
<tr><td colspan="4">给学生的反馈：

如果不合格，需要重新鉴定的说明：

鉴定教师签字：　　　　日期：</td></tr>
</table>

第六课 感受服务劳动，强化社会责任感

劳动任务

校园义务劳动

以班级为单位参加学校义务劳动，如打扫校园卫生、清理公寓垃圾、整理图书馆藏书、擦拭食堂座椅等。记录自己参加义务劳动的时间、地点、义务劳动内容，并进行校园义务劳动总结，分享心得体会。

劳动任务单			
任务名称	校园义务劳动	学生姓名	
劳动时间		劳动地点	
劳动成果展示			
（图文混合展示，劳动图片打印后粘贴此处）			

（续）

劳动体悟与反思			
劳动体悟：________			
劳动经验：________			
自我评价：________			
知识掌握清单			
评价要点： 1. 知道校园义务劳动的职责，知道劳动的方法。 2. 了解校园义务劳动的意义，提高服务意识。			
评价			
不合格	合格	良	优
练习和观察清单			
评价要点： 1. 能否以班级为单位，制定校园义务劳动岗位计划。 2. 能否完成校园义务劳动，做好记录。			
评价			
不合格	合格	良	优
鉴定结果	**合格 □**		**不合格 □**
给学生的反馈： 如果不合格，需要重新鉴定的说明： 鉴定教师签字： 日期：			

劳动任务

参与志愿活动

1. 快递小哥汪勇被评为“感动中国2020年度人物”，他的颁奖词为：“没有人能百毒不侵，热血可以融化恐惧；没有人生来是勇者，责任督促你重装上阵。八方统筹，百般服务。你以凡人之力，书写一段传奇。”采访你身边的优秀志愿者，撰写访谈体会。

2. 请你利用微博、微信朋友圈等网络渠道，或线下的海报、宣传栏的方式，多方面、多形式地宣传志愿服务知识。

3. 参与学校、社区组织的志愿服务，在工作中要主动思考，敢于实践，展现广大中职学生学思践悟、勇于担当的精神面貌。

劳动任务单			
任务名称	参与志愿活动	学生姓名	
劳动时间		劳动地点	
劳动成果展示			
（图文混合展示，劳动图片打印后粘贴此处）			

（续）

劳动体悟与反思			
劳动体悟：______ ______ ______ 劳动经验：______ ______ ______ 自我评价：______ ______			
知识掌握清单			
评价要点： 1. 收集、了解志愿者的人物故事，与同学们分享。 2. 能够勇于担当、甘于奉献，弘扬志愿服务精神。			
评价			
不合格	合格	良	优
练习和观察清单			
评价要点： 1. 能否在志愿活动中发挥个人特长，服务他人。 2. 能否向身边的人主动宣传志愿服务知识。			
评价			
不合格	合格	良	优
鉴定结果	**合格 □**	**不合格 □**	
给学生的反馈： 如果不合格，需要重新鉴定的说明： 鉴定教师签字：　　　　日期：			

劳动任务

创意剪纸

剪纸艺术是最古老的中国民间艺术之一。我国民间历来有各种创意剪纸，如窗花、门笺、灯花等，深得人民群众的喜爱及赞美。同学们在剪纸活动过程中，尝试在学会基本剪纸技法基础上，加入创意想法，融入校徽、校训等学校元素或者职教元素，让传统的剪纸工艺在新时代焕发出新的生命力。

试一试：

1. 查找关于剪纸的历史文化内涵以及剪纸艺术的门派分类，并分组汇报，展示成果。

2. 尝试用彩纸和剪刀等工具，加入创意想法，完成一幅剪纸艺术作品。

劳动任务单			
任务名称	创意剪纸	学生姓名	
劳动时间		劳动地点	
劳动成果展示			
（图文混合展示，劳动图片打印后粘贴此处）			

（续）

劳动体悟与反思			
劳动体悟： 劳动经验： 自我评价：			
知识掌握清单			
评价要点： 1. 是否了解剪纸艺术文化。 2. 是否了解剪纸艺术创新技艺。			
评价			
不合格	合格	良	优
练习和观察清单			
评价要点： 1. 能否运用工具完成剪纸作品。 2. 能否条理清晰地介绍剪纸作品的艺术内涵。 3. 是否体现了文化传承、创新精神和团队合作。			
评价			
不合格	合格	良	优
鉴定结果	合格 □		不合格 □
给学生的反馈： 如果不合格，需要重新鉴定的说明： 鉴定教师签字：　　　　日期：			

第七课 做勤俭奋斗、创新奉献的劳动者

劳动任务

耕种劳作

“不知稼穑之艰难，乃逸乃谚”。没有体验过农民“面朝黄土背朝天”的艰辛，生活上就会懈怠和懒散。只有亲身参与了劳动，我们才会深刻体验“一粥一饭之不易，一丝一缕之艰辛”，加深对劳动生产过程的认识，体会劳动对人生存发展的重要价值和意义，进而崇尚劳动，热爱劳动，学会辛勤劳动。

试一试：

1. 根据当地季节、气候等因素因地制宜，选择农作物，在课堂上学习种植理论知识。

2. 在教师的带领和指导下，分小组前往劳动教育基地进行农作物的种植。每个小组在规定区域进行耕种，根据农作物的种植步骤（翻土、播种、浇水、施肥等）进行分工，确保每位同学能够参与其中。

3. 学生在耕种劳作中体验到从耕耘播种到收获结果的全过程，体悟到食物的来之不易，身体力行地感知劳动的崇高价值和意义。

劳动任务单			
任务名称	耕种劳作	学生姓名	
劳动时间		劳动地点	
劳动成果展示			
（图文混合展示，劳动图片打印后粘贴此处）			

（续）

劳动体悟与反思			
劳动体悟：______ ______ ______ 劳动经验：______ ______ ______ 自我评价：______ ______			
知识掌握清单			
评价要点： 1. 是否了解劳动的崇高价值和意义。 2. 是否掌握各种农作物的形态和耕种方式。			
评价			
不合格	合格	良	优
练习和观察清单			
评价要点： 1. 能否因地制宜地选择农作物进行耕种。 2. 能否身体力行地完成农作物从播种到收获的全过程。 3. 是否在劳作中领悟劳动的崇高价值与意义，进而热爱劳动、辛勤劳动。			
评价			
不合格	合格	良	优
鉴定结果	**合格 □**		**不合格 □**
给学生的反馈： 如果不合格，需要重新鉴定的说明： 鉴定教师签字：　　　　日期：			

第八课 做爱岗敬业、争创一流的劳动楷模

劳动任务

开展“学劳模”主题活动

作为职业院校的学生，学习劳模精神尤为重要。请同学们分小组查找全国劳动模范相关实际材料，并结合自己所学的专业，谈谈我们要怎样向劳模学习，将学习成果用PPT的形式进行汇报展示。

劳动任务单			
任务名称	开展“学劳模”主题活动	学生姓名	
劳动时间		劳动地点	
劳动成果展示			
（图文混合展示，劳动图片打印后粘贴此处）			

（续）

劳动体悟与反思			
劳动体悟： 劳动经验： 自我评价：			
知识掌握清单			
评价要点： 1. 是否了解相关劳动模范人物事迹。 2. 是否掌握劳模精神内涵。			
评价			
不合格	合格	良	优
练习和观察清单			
评价要点： 1. 能否运用网络资源查找全国劳动模范相关实际材料。 2. 能否图文并茂地进行劳模精神汇报展示。 3. 是否在活动中树立爱岗敬业、争创一流、艰苦奋斗、勇于创新的劳动意识。			
评价			
不合格	合格	良	优
鉴定结果	**合格 □**	**不合格 □**	
给学生的反馈： 如果不合格，需要重新鉴定的说明： 鉴定教师签字：　　　　日期：			

第九课　做精益求精、追求卓越的未来工匠

劳动任务

能工巧匠：做一枚自己的专属印章

印章，是中国传统文化的代表之一，是用作印于文件上表示鉴定或签署的文具。一般印章都会先沾上印泥再印上，不沾印泥、印上纸张后会呈现凹凸的称为钢印，有些印章是印于蜡或火漆上，如信封上的蜡印。制作材质有玉石、金属、木头等。印章种类繁多，基本上可分为官印和私印两类。官印：官方所用的印章。历代官印，各有制度，不仅名称不同，形状、大小、印文、纽式也有差异。印章由皇家颁发，代表权力，以区别官阶和显示爵秩。官印一般比私印大，谨严稳重，多四方形，有鼻纽。私印是官印以外印章的统称。私印体制复杂，可以从字意、文字安排、制作方法、治印材料以及构成形式上分成各种类别。姓名字号印是指印纹刻人姓名、表字或号。

劳动任务单			
任务名称	能工巧匠：做一枚自己的专属印章	学生姓名	
劳动时间		劳动地点	
劳动成果展示			
（图文混合展示，劳动图片打印后粘贴此处）			

（续）

<table>
<tr><th colspan="4">劳动体悟与反思</th></tr>
<tr><td colspan="4">劳动体悟：

劳动经验：

自我评价：</td></tr>
<tr><th colspan="4">知识掌握清单</th></tr>
<tr><td colspan="4">评价要点：
1. 是否了解中国的传统文化——印章。
2. 是否了解印章的发展历史。</td></tr>
<tr><td colspan="4">评价</td></tr>
<tr><td>不合格</td><td>合格</td><td>良</td><td>优</td></tr>
<tr><td></td><td></td><td></td><td></td></tr>
<tr><th colspan="4">练习和观察清单</th></tr>
<tr><td colspan="4">评价要点：
1. 能否运用工具完成印章制作。
2. 能否条理清晰地向大家介绍印章的制作工序。
3. 能否体现中国传统文化的传承。</td></tr>
<tr><td colspan="4">评价</td></tr>
<tr><td>不合格</td><td>合格</td><td>良</td><td>优</td></tr>
<tr><td></td><td></td><td></td><td></td></tr>
<tr><th>鉴定结果</th><th colspan="2">合格 □</th><th>不合格 □</th></tr>
<tr><td colspan="4">给学生的反馈：

如果不合格，需要重新鉴定的说明：

鉴定教师签字：　　　　日期：</td></tr>
</table>

第十课　遵纪守法，筑牢安全意识

劳动任务

安全生产社会调查

安全生产责任制度是根据“安全第一，预防为主，综合治理”的安全生产方针和相关法规建立的制度，生产单位的各级领导、职能部门、工程技术人员、岗位操作人员在劳动生产过程中对安全生产层层负责。多年实践表明，具有健全安全生产责任制度的企业单位，生产者的劳动条件得到明显改善，工伤事故和职业性疾病有效减少。

试一试：

1. 查找关于所学专业的安全生产制度和案例，并分组汇报展示。
2. 对 2～3 名工作者进行采访，了解他们所在行业的安全生产制度或规范。
3. 尝试到学校或家附近的生产单位，对它们的安全生产情况进行了解和调查。

劳动任务单			
任务名称	安全生产社会调查	学生姓名	
劳动时间		劳动地点	
劳动成果展示			
（图文混合展示，劳动图片打印后粘贴此处）			

（续）

<table>
<tr><th colspan="4">劳动体悟与反思</th></tr>
<tr><td colspan="4">劳动体悟：

劳动经验：

自我评价：

</td></tr>
<tr><th colspan="4">知识掌握清单</th></tr>
<tr><td colspan="4">评价要点：
1. 是否理解安全生产责任制的含义及内容。
2. 是否了解与自己专业相关的安全生产制度的主要内容。</td></tr>
<tr><td colspan="4">评价</td></tr>
<tr><td>不合格</td><td>合格</td><td>良</td><td>优</td></tr>
<tr><td></td><td></td><td></td><td></td></tr>
<tr><th colspan="4">练习和观察清单</th></tr>
<tr><td colspan="4">评价要点：
1. 能否准确清楚地向大家介绍某一行业的安全生产制度。
2. 能否实地了解和调查生产单位的安全生产情况。
3. 是否在工作任务中体现遵规守纪、安全规范和言行文明。</td></tr>
<tr><td colspan="4">评价</td></tr>
<tr><td>不合格</td><td>合格</td><td>良</td><td>优</td></tr>
<tr><td></td><td></td><td></td><td></td></tr>
<tr><th>鉴定结果</th><th colspan="2">合格 □</th><th>不合格 □</th></tr>
<tr><td colspan="4">给学生的反馈：

如果不合格，需要重新鉴定的说明：

鉴定教师签字：　　　　日期：</td></tr>
</table>

第十一课　诚实守信，体悟责任担当

劳动任务

诚实守信劳动小调研

鼓励同学们深入政府机关、企业、街道、社区、学校，开展以“诚实守信劳动”为主题的实践调研活动，发现学习周边的诚信劳动者，辨别诚信与不诚信行为。通过诚实守信劳动案例分析、情景表演、文艺创作、海报制作等多种方式，在课堂上进行小组展示，理解诚信劳动的内涵，探索诚信劳动对自身和社会发展的重要意义，弘扬诚信劳动品质，积极争当诚实守信劳动者，以奋斗之青春书写人生华章！

劳动任务单			
任务名称	诚实守信劳动小调研	学生姓名	
劳动时间		劳动地点	
劳动成果展示			
（图文混合展示，劳动图片打印后粘贴此处）			

（续）

劳动体悟与反思			
劳动体悟：______ ______ ______ 劳动经验：______ ______ ______ 自我评价：______ ______			
知识掌握清单			
评价要点： 1. 是否能发现身边的诚信劳动者。 2. 是否能辨别诚信与不诚信行为。			
评价			
不合格	合格	良	优
练习和观察清单			
评价要点： 1. 能否成功开展以“诚实守信劳动”为主题的实践调研活动。 2. 能否在课堂上清晰地将调研结果向大家汇报展示。 3. 能否在活动中弘扬诚信劳动品质，积极争当诚实守信劳动者。			
评价			
不合格	合格	良	优
鉴定结果	**合格 □**		**不合格 □**
给学生的反馈： 如果不合格，需要重新鉴定的说明： 鉴定教师签字：　　　　日期：			

第十二课　吃苦耐劳，培育积极态度

劳动任务

青春志愿行　奉献新时代

为进一步营造“弘扬劳动精神，开展志愿服务，彰显工匠精神，打造技能强国”的浓厚氛围，各中职学校可以带领学校青年志愿者服务队，赴社区开展以“青春志愿行　奉献新时代”为主题的志愿服务活动。同学们可以结合系部专业优势，展示学校的办学特色和专业亮点，在社区广场开始志愿服务，体现职教学子吃苦耐劳、学以致用、服务社会的志愿精神。同学们通过参与志愿服务，提高了自身的办事能力，促进了社会的进步，同时自身也得到了很大提升。

学生可根据自身专业特点，在社区内进行知识科普宣讲及相关免费服务。例如，眼镜专业学生提供验光服务和眼镜清洗维修，医护专业学生进行急救知识讲解，计算机专业学生进行软件硬件维护，珠宝专业学生开展珠宝鉴定及绳结编织，还可以进行智能手机使用指导、手工泥塑及剪纸教学等。

学生分小组进行，在志愿服务过程中拍摄照片，并记录心得体会。

劳动任务单			
任务名称	青春志愿行　奉献新时代	学生姓名	
劳动时间		劳动地点	
劳动成果展示			
（图文混合展示，劳动图片打印后粘贴此处）			

（续）

<table>
<tr><th colspan="4">劳动体悟与反思</th></tr>
<tr><td colspan="4">劳动体悟：______
______
______

劳动经验：______
______
______

自我评价：______
______</td></tr>
<tr><th colspan="4">知识掌握清单</th></tr>
<tr><td colspan="4">评价要点：
了解志愿服务的内涵。</td></tr>
<tr><td colspan="4">评价</td></tr>
<tr><td>不合格</td><td>合格</td><td>良</td><td>优</td></tr>
<tr><td></td><td></td><td></td><td></td></tr>
<tr><th colspan="4">练习和观察清单</th></tr>
<tr><td colspan="4">评价要点：
1. 能运用自己的专业技能去开展志愿服务。
2. 能在志愿服务中锻炼自身能力。
3. 热爱志愿服务，能在志愿服务中感受到奉献意义。</td></tr>
<tr><td colspan="4">评价</td></tr>
<tr><td>不合格</td><td>合格</td><td>良</td><td>优</td></tr>
<tr><td></td><td></td><td></td><td></td></tr>
<tr><td>鉴定结果</td><td colspan="2">合格 □</td><td>不合格 □</td></tr>
<tr><td colspan="4">给学生的反馈：

如果不合格，需要重新鉴定的说明：

鉴定教师签字：　　　　日期：</td></tr>
</table>

第十三课　勤俭节约，弘扬传统美德

劳动任务

践行“光盘行动”

“光盘行动”倡导厉行节约，反对铺张浪费。“光盘行动”得到中央的支持和民众的一致拥护。“光盘行动”也入选2020年度十大流行语。“光盘行动”的宗旨：餐厅不多点、食堂不多打、厨房不多做。此行动带动大家珍惜粮食、吃光盘中食物。践行“光盘行动”，从我做起。作为学生，我们要成为“厉行节约，反对浪费”的主力军。

总体要求：主题明确、口齿清楚、思路清晰、重在践行、达到效果。

具体要求：学生分组（3~4名学生为一组）后，可以选择在学校食堂（或校外餐厅）践行“光盘行动”并进行视频拍摄。以践行“光盘行动”为主题，以视频形式录制整个实施过程，视频包括但不限于以下内容：行动口号、标语、实施过程等，最后环节为“邀请其他食客，加入行动，共同发出光盘倡议”。时长为5分钟左右，视频格式为mp4。

劳动任务单			
任务名称	践行“光盘行动”	学生姓名	
劳动时间		劳动地点	
劳动成果展示			
（图文混合展示，劳动图片打印后粘贴此处）			

（续）

劳动体悟与反思			
劳动体悟： 劳动经验： 自我评价：			
知识掌握清单			
评价要点： 1. 是否了解"光盘行动"的概念和意义。 2. 是否掌握拍摄的总体要求。			
评价			
不合格	合格	良	优
练习和观察清单			
评价要点： 1. 能否拍摄比较完整的"光盘行动"视频。 2. 能否带动更多人参与"光盘行动"。 3. 能否体现创新精神和团队合作精神。			
评价			
不合格	合格	良	优
鉴定结果	合格 □	不合格 □	
给学生的反馈： 如果不合格，需要重新鉴定的说明： 鉴定教师签字：　　　　日期：			

第十四课　团结合作，营造劳动氛围

劳动任务

团队合作共同美化班级环境

班集体是同学们组成的团队，每位同学都希望能够为班集体增光添彩。现在请同学们团队合作，完成班级环境美化任务。本次任务包括两个环节：第一，打扫班级卫生，不留卫生死角；第二，结合所学专业完成对班级教室的环境布置。

根据班级具体情况做出以下分组：

1. 地面清洁组，负责教室地面的清扫工作。
2. 桌面清洁组，负责教室内桌子、柜子、架子等家具及窗台的清洁工作。
3. 墙面清洁组，负责墙面、黑板、窗户的清洁工作。
4. 创意设计组，负责统筹规划教室环境布置，制作设计方案及相应准备工作。
5. 教室美化组，负责教室环境布置的具体工作。
6. 新媒体小组，负责记录本次任务中的点滴，留存影像资料，展现活动成果。

具体要求如下：

1. 必须全员参与本次任务，分工明确，职责清晰。
2. 必须结合专业特色或班级特点，完成教室环境布置。
3. 记录完成任务过程中的点滴，利用音乐相册、班级微信公众号展现班级环境美化成果。
4. 每位同学结合自身工作内容，写下班级环境美化任务感受。

劳动任务单			
任务名称	团队合作共同美化班级环境	学生姓名	
劳动时间		劳动地点	
劳动成果展示			
（图文混合展示，劳动图片打印后粘贴此处）			

（续）

劳动体悟与反思			
劳动体悟： 劳动经验： 自我评价：			
知识掌握清单			
评价要点： 1. 了解班级环境美化的重要性。 2. 理解班级环境美化的内涵。			
评价			
不合格	合格	良	优
练习和观察清单			
评价要点： 1. 能否按规定标准完成班级环境美化任务。 2. 能否按要求制作音乐相册及编辑微信公众号内容。			
评价			
不合格	合格	良	优
鉴定结果	合格 □	不合格 □	
给学生的反馈： 如果不合格，需要重新鉴定的说明： 鉴定教师签字：　　　　日期：			

第十五课　劳动拓展职业认知，助力正确择业

劳动任务

我是交通协管员

交通协管员是在交通繁忙的路段或路口，协助交通警察参与交通管理的人员。同学们可以利用节假日协助交警参与交通管理，了解交通安全常识，宣传交通安全法规，促使行人及非机动车辆养成文明、守法的交通好习惯，并现场参与交通管理，体验交通警察工作岗位的辛劳。

试一试：

1. 整理交通安全常识，制作交通安全手抄报。
2. 自觉养成文明交通的习惯。

劳动任务单			
任务名称	我是交通协管员	学生姓名	
劳动时间		劳动地点	
劳动成果展示			
（图文混合展示，劳动图片打印后粘贴此处）			

（续）

劳动体悟与反思			
劳动体悟： 劳动经验： 自我评价：			
知识掌握清单			
评价要点： 1. 是否了解交通安全法规。 2. 是否了解交通信号指示灯和交警指挥手势的含义。			
评价			
不合格	合格	良	优
练习和观察清单			
评价要点： 1. 能否及时发现并制止行人及非机动车的违章行为。 2. 在协助交警管理交通的过程中，能否培养自己与他人交流沟通的能力。 3. 志愿服务过程中，能否有意识地培养自己吃苦耐劳、团队合作等优秀品质。			
评价			
不合格	合格	良	优
鉴定结果	合格 □	不合格 □	
给学生的反馈： 如果不合格，需要重新鉴定的说明： 鉴定教师签字：　　　　日期：			

第十六课　劳动激发创新意识，提升创业能力

劳动任务

变废为宝手工小制作

在我们的生活中，经常会有一些用不到的废品，比如各种瓶子、书本或者纸板之类的东西。结合自己所学的专业和兴趣爱好，挑选身边一种或几种废品，完成一个变废为宝的手工小制作。

试一试：

1. 在动手制作前，先做一个设计的文字稿，把用到的材料、制作的意义、制作的过程等写清楚，最好能形成一个科技创新小论文。

2. 做好后，拿到班上，同学们互相评比，互相学习，看看谁做的手工小制作更有价值。

劳动任务单			
任务名称	变废为宝手工小制作	学生姓名	
劳动时间		劳动地点	
劳动成果展示			
（图文混合展示，劳动图片打印后粘贴此处）			

（续）

劳动体悟与反思			
劳动体悟： 劳动经验： 自我评价：			
知识掌握清单			
评价要点： 1. 了解常见事物的形状、材质以及特点。 2. 学习科技创新小论文的写作。			
评价			
不合格	合格	良	优
练习和观察清单			
评价要点： 1. 学会留心生活、关心社会，培养发现问题、解决问题的能力。 2. 是否养成勤俭奋斗、创新奉献的劳动精神。			
评价			
不合格	合格	良	优
鉴定结果	合格 □	不合格 □	
给学生的反馈： 如果不合格，需要重新鉴定的说明： 鉴定教师签字：　　　　日期：			

第十七课　劳动助推职业生涯，成就职业梦想

劳动任务

求职面试　体验打工

利用节假日或者寒暑假，到企业开展求职打工实践。首先认真准备面试，包括准备自我介绍，学习仪容仪表、形体姿态、时间观念等细节方面的求职礼仪。在面试成功的企业中努力工作，感受劳动的艰辛和收获的快乐！

试一试：

1. 总结求职面试的技巧，整理成文字，在班上开展交流分享。
2. 撰写打工的心得体会。

劳动任务单			
任务名称	求职面试　体验打工	学生姓名	
劳动时间		劳动地点	
劳动成果展示			
（图文混合展示，劳动图片打印后粘贴此处）			

（续）

劳动体悟与反思

劳动体悟：____

____

____

劳动经验：____

____

____

自我评价：____

____

知识掌握清单

评价要点：

1. 是否了解求职面试的方法和技巧。
2. 总结求职面试礼仪以及自我介绍的方法。

评价			
不合格	合格	良	优

练习和观察清单

评价要点：

1. 在求职面试时，是否能够自如流畅地表现自己。
2. 在打工实践过程中，是否注意培养自己良好的职业行为习惯。
3. 能否在工作中坚持不懈，感受劳动艰辛和收获快乐。

评价			
不合格	合格	良	优

鉴定结果	**合格 □**	**不合格 □**

给学生的反馈：

如果不合格，需要重新鉴定的说明：

鉴定教师签字：　　　　　　日期：

第十八课　劳动创造社会财富，推动人类进步

劳动任务

致敬时代英雄　争做时代偶像

分组查找时代英雄的人物事迹，了解他们是如何在创造社会财富的过程中，推动人类进步的。

比如马克思、恩格斯，创立了政治经济学理论，揭示了人类社会发展规律，在人类文明发展史上留下了浓墨重彩的一笔，创造了伟大的思想财富。

比如“共和国勋章”获得者钟南山，“人民英雄”国家荣誉称号获得者张伯礼、张定宇、陈薇，他们在抗击新冠肺炎疫情斗争中做出杰出贡献，创造了宝贵的医学财富。

比如民族创新企业华为公司，自主研发5G技术，领先世界相关领域技术发展，同时也创造了可观的物质财富。

试一试：

1. 上网搜集整理时代英雄的人物事迹，向时代英雄致敬。
2. 总结时代英雄创造了哪些财富？他们身上具有哪些优秀的品质？
3. 通过学习，树立科学的世界观、人生观、价值观，以时代英雄为偶像，做最好的自己。

劳动任务单			
任务名称	致敬时代英雄　争做时代偶像	学生姓名	
劳动时间		劳动地点	
劳动成果展示			
（图文混合展示，劳动图片打印后粘贴此处）			

（续）

劳动体悟与反思			
劳动体悟： 劳动经验： 自我评价：			
知识掌握清单			
评价要点： 1. 是否能够利用网络准确开展有目的的搜索。 2. 是否了解时代英雄的人物事迹。			
评价			
不合格	合格	良	优
练习和观察清单			
评价要点： 1. 能够总结时代英雄的优秀品质以及他们所做出的杰出贡献。 2. 能够向时代英雄学习，正三观、修品行，发挥特长，争做时代偶像。			
评价			
不合格	合格	良	优
鉴定结果	**合格 □**		**不合格 □**
给学生的反馈： 如果不合格，需要重新鉴定的说明： 鉴定教师签字：　　　　日期：			